AF509870

CORRIGÉ
DES EXERCICES

DU

PETIT COURS DE GÉOGRAPHIE.

IMPRIMERIE DE E. DUVERGER,
Rue de Verneuil, n° 4.

CORRIGÉ
DES EXERCICES

DU

PETIT COURS DE GÉOGRAPHIE

PAR M. E. CORTAMBERT

PROFESSEUR DE GÉOGRAPHIE

PARIS

CHEZ L. HACHETTE

LIBRAIRE DE L'UNIVERSITÉ ROYALE DE FRANCE

RUE PIERRE-SARRAZIN, N° 12

1840

CORRIGÉ
DES EXERCICES
DU
PETIT COURS DE GÉOGRAPHIE.

LEÇON I.

Voir la planche 1re de l'Atlas. Copier la figure de la courbure de la Terre.

LEÇON II.

Voir la planche 1re de l'Atlas. Copier la figure du système planétaire.

LEÇON III.

Voir la planche 1re de l'Atlas. Copier la figure des phases de la Lune et celle des éclipses.

LEÇON IV.

Voir la planche 1re de l'Atlas. Copier la figure de l'axe, des pôles, etc; mais on n'y mettra pas les noms d'équateur, de méridiens, de parallèles et d'hémisphères.

LEÇON V.

Voir la planche 1re de l'Atlas. Copier la figure de la rose des vents et celle de l'axe et des pôles, sur laquelle on n'aura pas basoin d'indiquer la partie éclairée et la partie obscure. On n'y mettra pas non plus le nom de méridiens, ni celui de parallèles.

LEÇON VI.

Voir la planche 1re de l'Atlas. Copier la figure de l'axe, des pôles, etc., mais sans indiquer la partie éclairée et la partie obscure. Copier aussi la figure des zones, tropiques, etc.

LEÇON VII.

Voir la planche 1re de l'Atlas. Copier les figures des latitudes et des longitudes, en les fondant l'une dans l'autre, c'est-à-dire qu'on mettra sur une figure seule les parallèles et les méridiens que les deux figures de l'Atlas donnent séparément. Indiquer, sur cette figure, des points A, B, C, D, etc., mis au hasard; et, à côté de la carte, on dira : le point A est à tant de degrés de latitude N. ou de latitude S., et à tant de degrés de longitude E. ou de longitude O. ; — B est à tant de degrés, etc.

LEÇON VIII.

Copier la projection de la mappemonde de la planche 2 de l'Atlas, ou, si l'on aime mieux, celle de la planche 3. Copier le cadre de la mappemonde, avec les méridiens et les parallèles. Indiquer, sur cette carte, des points A, B, C, etc., comme pour l'exercice précédent. — Voir aussi la planche 11 ; faire placer les villes de Paris, Lyon, Marseille, Bordeaux, Rouen, Nantes, Toulouse. On demandera une échelle en lieues communes de 25 au degré.

LEÇON IX.

Voir la planche 2. Copier la mappemonde. On n'exigera pas l'indication des plus petites îles de l'Océanie. L'élève devra écrire deux ou trois fois le mot *île* à côté des îles qu'il voudra ; deux ou trois fois le mot *presqu'île* à côté des pays qu'il reconnaîtra pour des presqu'îles, etc. Il se servira, pour se guider dans ces indications, de la carte des définitions des termes géographiques.

LEÇON X.

Voir la planche 2. Copier la carte des définitions des termes géographiques, mais sans y mettre les cours d'eau.

LEÇON XI.

Voir la planche 2. Copier toute la carte des définitions de termes géographiques [1].

LEÇON XII.

Voir la planche III. Copier la mappemonde, mais sans dessiner les montagnes, les fleuves et les lacs.

LEÇON XIII.

Voir la planche 3. Copier la mappemonde, sans les montagnes, les fleuves et les lacs.

---

(1) On remarquera ici que nous demandons un peu plus que ce qu'exigerait rigoureusement le texte de la leçon ; mais c'est à dessein, afin que l'élève s'exerce à faire les montagnes et comprenne les relations nécessaires entre les hauteurs et les cours d'eau.

LEÇON XIV.

Voir la planche 3. Copier la mappemonde, mais sans mettre les montagnes et les lacs.

LEÇON XV.

Voir la planche 3. Copier la mappemonde, sans les lacs.

LEÇON XVI.

Voir la planche 3. Copier la mappemonde, en y plaçant les lacs. On pourra y ajouter les fleuves.

LEÇON XVII.

Voir la planche 3. Copier la mappemonde. Quoique cette planche ne porte pas les indications données dans la leçon, il sera facile à l'élève de les mettre sur la mappemonde.

LEÇON XVIII.

TABLEAU DES RÉUNIONS D'HOMMES, ETC.

Réunions d'hommes.	Travaux.	Habitations.	
Peuples ou nations . .	Arts. Sciences. Commerce.	Maisons, composant des	Hameaux. Villages. Bourgs. Villes ou Cités.
Peuplades ou tribus.	Chasse. Pêche. Soin des troupeaux.	Huttes. Cavernes. Tentes.	

LEÇONS XIX, XX, XXI, XXII, XXIII.

Voir la planche 3. Même observation que pour la XVIIe leçou.

LEÇON XXIV.

Voir la planche 4. Copier la carte d'Europe, sans les montagnes, les fleuves et les lacs.

LEÇON XXV.

Voir la planche 4. Même observation que pour la leçon précédente.

Voyage.

Si l'on part de la Nouvelle-Zemble, et qu'on se dirige au S.-O., on se trouve, après quelques jours de navigation, à l'entrée de la mer Blanche ; en se dirigeant ensuite au N.-O., on rencontre le cap Nord, qui est sur une des iles Lofoden. Suivons ensuite les côtes N.-O. et occidentales de la péninsule Scandinave, et nous entrerons dans la mer du Nord. De là , si l'on veut aller dans la mer Baltique, on passe par le Skager-Rack et le Cattegat, qui sont situés entre les péninsules Scandinave et Danoise, puis par le Sund ou l'un des deux Belt, qui sont vers les îles Danoises. On ne peut revenir dans la mer du Nord que par les mêmes passages.

En sortant de la mer du Nord par le S.-O., on rencontre le Pas de Calais, resserré entre la Grande-Bretagne et le continent ; parcourons la Manche dans sa longueur, et nous nous trouverons ensuite dans l'océan Atlantique. En tournant vers le S., on entre bientôt dans la mer de France, appelée aussi golfe de Gascogne ; on suit les côtes de la péninsule Hispanique, on double le cap

Saint-Vincent, et l'on arrive enfin au détroit de Gibraltar, qui sépare cette péninsule de l'Afrique ; ce détroit conduit dans la mer Méditerranée. En se dirigeant à l'E., on arrive en Sicile, après avoir laissé à sa gauche la Sardaigne, la Corse et la mer Tyrrhénienne.

En naviguant ensuite dans la mer Ionienne, on peut longer le pied de la botte d'Italie, où l'on remarque le golfe de Tarente. On passe devant le canal d'Otrante, qui est l'entrée de la mer Adriatique.

Dans l'E. de la mer Ionienne, on rencontre les îles Ioniennes ; on voit près de ces îles la presqu'île de Morée. Nous allons au-delà du cap Matapan, qui est à l'extrémité méridionale de cette presqu'île et de toute l'Europe, et nous voyons peu après l'île de Candie ; nous entrons dans l'Archipel, qui renferme beaucoup d'îles, entre autres Négrepont et les Cyclades.

En sortant de l'Archipel, au N.-E., par le détroit des Dardanelles, on va dans la mer de Marmara ; on passe de celle-ci dans la mer Noire, par le canal de Constantinople ; et, si l'on traverse la mer Noire, on arrive enfin à la mer d'Azov par le détroit d'Enikalé.

LEÇON XXVI.

Voir planche 4. Copier la carte d'Europe, mais sans faire les fleuves du versant de la Méditerranée et de la mer Caspienne.

LEÇON XXVII.

Voir la planche 4. Copier la carte d'Europe, mais sans faire les fleuves du versant du nord et du N. O.

LEÇON XXVIII.

Voir la planche 5. On copiera toute la carte; mais on ne nommera et l'on ne détaillera que les îles Britanniques, le Danemark, la monarchie Suédoise et la Russie.

Voyage.

Dublin, capitale de l'Irlande, est sur la côte orientale de cette île. Pour nous rendre de cette ville à Astrakhan, qui est dans la partie orientale de l'Europe, nous traversons d'abord la mer d'Irlande ; nous arrivons en Angleterre, où nous débarquons à Liverpool ; nous visitons Manchester, puis York, qui sont dans le N. de l'Angleterre ; nous nous embarquons sur la mer du Nord ; nous traversons cette mer, et nous arrivons dans le Danemark ; nous y visitons d'abord la péninsule Danoise, puis les îles de Fionie et de Seeland, et nous séjournons quelque temps à Copenhague, capitale de ce royaume.

Nous parcourons la partie méridionale de la mer Baltique, en doublant la pointe méridionale de la Suède ; mais nous n'allons pas jusqu'à Stockholm, capitale de ce royaume.

Un bon vent de S.-O. nous pousse promptement vers le golfe de Livonie, au fond duquel nous abordons à l'embouchure de la Dvina méridionale. C'est là qu'est le port de Riga, un des plus importants de la Russie. Nous remontons la Dvina méridionale, dont la source n'est pas éloignée de celle du Volga ; nous entrons bientôt dans celui-ci, et, laissant loin de nous à droite Moscou, ancienne capitale de la Russie, et à gauche Saint-Pétersbourg, capitale actuelle, nous descendons ce grand fleuve jusqu'à Astrakhan, qui est près de son embouchure dans la mer Caspienne.

LEÇON XXIX.

Voir la planche 5. Copier toute la carte d'Europe, mais nommer et détailler seulement les pays de la région du milieu.

LEÇON XXX.

Voir la planche 5. Copier toute la carte d'Europe, mais nommer et détailler seulement les pays de la région du sud.

Voyage.

Pour aller de Paris à Constantinople, la route la plus directe serait par la Suisse, le Tyrol et l'Illyrie ; mais, comme nous devons passer par Vienne, nous prenons le chemin de l'Allemagne : sur la frontière orientale de la France, nous traversons le Rhin, et nous nous trouvons dans le grand-duché de Bade. Nous traversons le Würtemberg, qui est un autre pays allemand, et nous visitons Stuttgart, capitale de ce royaume. Nous allons voir aussi Munich, capitale de la Bavière. Nous sommes encore dans l'Allemagne propre ; mais bientôt nous entrons dans la partie autrichienne de l'Allemagne, et le premier pays que nous y visitons est l'archiduché d'Autriche. Nous y suivons les bords du Danube, et nous voyons enfin Vienne, capitale de l'empire auquel cet archiduché donne son nom.

Nous nous embarquons là sur un bateau à vapeur pour descendre le Danube ; nous traversons rapidement de cette manière le grand pays de Hongrie, qui fait encore partie de l'empire d'Autriche, et nous entrons en Turquie, où la première ville que nous visitons est Belgrade. Nous parcourons les provinces de Servie, de Bulgarie ; nous franchissons près de Sophia la chaîne du Balkan; nous entrons dans la Romélie, où nous visitons Andrinople, et nous arrivons enfin à Constantinople, capitale de la Turquie ; nous admirons la belle situation de cette grande ville, qui s'élève au bord du détroit auquel elle donne son nom, à côté de la mer de Marmara et de la mer Noire, et vers les confins de l'Europe et de l'Asie.

Voulant nous rendre de cette capitale à Lisbonne, nous devrions, pour prendre la route la plus courte, traverser la Turquie de l'E. à l'O. ; mais on va plus vite dans un vaisseau que sur terre, et d'ailleurs nous voulons, en passant, voir la Grèce, ce pays dont l'histoire ancienne est si intéressante. Nous nous embarquons donc sur la mer de Marmara, nous en sortons par les Dardanelles, puis nous traversons l'Archipel, et nous arrivons à Athènes, capitale de la Grèce. Nous visitons d'abord le N. de ce pays, et ensuite la Morée, dans laquelle nous entrons par l'isthme de Corinthe. Puis, nous touchons à la plupart des îles Ioniennes, en allant du S. au N. ; parvenus à Corfou, capitale de la petite république que forment ces îles, nous nous embarquons pour l'Italie ; nous visitons dans ce dernier pays le royaume de Naples, qui n'est qu'une partie du royaume des Deux-Siciles. Nous séjournons quelque temps dans la grande ville de Naples, la cinquième de l'Europe par sa population. Nous mettons à la voile dans son port ; un bon vent d'E. nous pousse vers le N. de l'île de Sardaigne, nous passons entre cette île et la Corse, et nous ne tardons pas à voir les côtes d'Espagne, où nous débarquons à Barcelone. Nous parcourons, dans la péninsule Hispanique, les provinces de Catalogne, d'Aragon, de Nouvelle-Castille, où nous nous arrêtons quelque temps à Madrid, capitale de l'Espagne. Non loin de là, coule le Tage, dont nous suivons le cours ; ce fleuve nous conduit en Portugal, et vers son embouchure nous rencontrons enfin Lisbonne, **capitale de ce royaume**, et terme de notre voyage.

LEÇON XXXI.

Voir la planche 6. Copier la carte d'Asie, sans les montagnes, les fleuves, les lacs et les divisions.

LEÇON XXXII.

Voir la planche 6. Même observation que pour la leçon précédente.

Voyage.

Si, en partant de la Nouvelle-Zemble, on se dirigeait à l'E., on arriverait sur les côtes septentrionales de l'Asie ; on passerait devant les golfes de l'Obi et du Iéniseï ; plus loin, on doublerait le cap Septentrional, qui est le cap le plus boréal de tout l'ancien monde. On voit ensuite les îles Liakhov, et, après un long voyage fort difficile dans cette mer encombrée de glaces qu'on appelle océan Glacial arctique, on arrive au détroit de Bering, qui sépare l'Asie de l'Amérique. On voit là le cap Oriental, qui termine l'ancien monde à l'E.

En tournant au S., on rencontre successivement la mer de Bering, la presqu'île de Kamtchatka, la mer d'Okhotsk, les îles du Japon, la presqu'île de Corée, la mer de Corée avec la mer Jaune, l'île Formose, enfin la mer de Chine, dans laquelle est l'île Haï-nan. Arrivé au cap Romania, qui est la pointe la plus méridionale de l'Asie, on entre dans le détroit de Malacca, resserré entre la presqu'île de ce nom et l'île de Sumatra. Ce détroit conduit au golfe du Bengale, qui s'enfonce entre

l'Indo-Chine et l'Hindoustan. En sortant de ce golfe,
au S.-O., on voit l'île de Ceylan ; on double peu après
le cap Comorin qui est l'extrémité méridionale de l'Hindoustan ; ensuite, on rencontre la longue chaîne des îles
Maldives. On traverse la mer d'Oman pour arriver à
l'Arabie, grande presqu'île qui s'avance entre le golfe
Persique et la mer Rouge. On entre dans cette dernière
mer par le détroit de Bab-el-Mandeb, et, après l'avoir
parcourue dans toute sa longueur, on se trouve arrêté
par l'isthme de Suez, qui sépare la mer Rouge de la Méditerranée.

LEÇON XXXIII.

Voir la planche 6. On n'exigera pas le dessin des îles.

LEÇON XXXIV.

Voir la planche 6. On n'exigera pas le dessin des montagnes, ni
celui des fleuves.

Voyage.

Voir les *Exemples d'exercices en forme de voyages*,
placés à la suite du *Petit cours de Géographie*. Le com-
mencement du voyage demandé pour la leçon est le
même que celui du premier voyage de ces exercices,
jusqu'à l'arrivée du voyageur à Mascate.

Pour la fin du devoir, on dira :

Si, de Mascate, on veut se rendre à Boukhara, la route
la plus directe serait d'aller débarquer en face de Mascate dans le Béloutchistan, de traverser ce pays, puis
l'Afghanistan et le royaume de Hérat ; mais peut-être
sera-t-il plus intéressant de passer par la Perse, qui est
un pays plus célèbre. Nous entrerons donc dans le golfe

Persique par le détroit d'Ormus, nous débarquerons sur la côte méridionale de la Perse ; nous irons visiter la ville d'Ispahan et celle de Téhéran, capitale de ce royaume. Ensuite, tournant au N.-E., nous pénétrerons dans le Turkestan ; nous traverserons le Djihoun, qui est l'ancien Oxus, et nous arriverons enfin à Boukhara, capitale de la Boukharie.

LEÇON XXXV.

Voir la planche 6. Ne pas exiger les montagnes, ni les fleuves.

Voyage.

Pé-king, célèbre capitale de la Chine, se trouve dans le N. de la Chine propre, à peu de distance de la Grande Muraille. Pour aller de cette ville à Pondichéry, la ligne la plus droite irait au S.-O., et passerait par le Tibet et les monts Himalaya ; mais la difficulté de traverser de si hautes montagnes, et le désir de voir un pays plus beau et plus fertile doivent faire préférer une ligne un peu détournée, et nous irons passer par Canton : on parcourt dans cette première partie du voyage une contrée superbe, très peuplée, et où règne depuis long-temps la civilisation ; on traverse le fleuve Jaune et le fleuve Bleu ou le Kiang, et l'on voit sur cette route la ville de Nan-king, qui est une des plus importantes de la Chine.

De Canton, on se rend dans le N. de l'Indo-Chine, on franchit les fleuves Camboge, Meïnam, Thaleayn et Ava ; on voit la ville d'Ava, capitale de l'empire Birman, et l'on arrive enfin dans ce riche Hindoustan, avec lequel les nations européennes font un si grand commerce de toutes sortes de productions précieuses.

La première province qu'on y rencontre, en sortant de
l'Indo-Chine, est le Bengale, où se trouve Calcutta, située sur une branche du Gange, et capitale des importantes possessions des Anglais dans l'Inde. On remarque
dans la même province la ville française de Chander-
nagor. En allant au S.-O., le long du golfe du Bengale,
on voit Gangam, qui donne son nom aux guingans; puis
Madras, qui est célèbre aussi par ses étoffes, et l'on
arrive peu après à Pondichéry, qui est la principale
possession française sur la côte de Coromandel.

LEÇON XXXVI.

Voir la planche 7. On ne fera faire ni les divisions de l'A-
frique, ni les îles.

LEÇON XXXVII.

Voir la planche 7. On indiquera le Nil et le mont Atlas, outre
les contrées et les villes mentionnées dans la leçon.

Remarque. Il ne faut pas exiger que l'élève mette tous les
noms qu'il verra sur la carte ; il ne placera que ceux qui se trouvent
dans la leçon.

Voyage.

Gondar, la ville la plus célèbre de l'Abyssinie, est la
capitale de l'un des états de cette contrée montagneuse.
On voit à peu de distance et au S. de cette ville le
grand lac Dembea, formé par la rivière Bleue. En suivant cette rivière on arrive en Nubie, et l'une des premières villes intéressantes qu'on y rencontre est Sen-
naar. On voit plus bas le confluent de la rivière Bleue
et de la rivière Blanche ; ce confluent donne naissance au fameux Nil, qui parcourt la Nubie du S. au

N. ; il n'y a pas là de royaumes puissants, mais seulement de petits états, dont la plupart sont soumis au pacha d'Égypte. On entre enfin, avec le Nil, dans cette célèbre contrée d'Égypte, que son ancienne civilisation et ses curieuses ruines rendent si intéressante pour le voyageur. Le sol est très fertile dans la vallée qu'arrose le fleuve ; mais, si l'on s'en écarte un peu à droite ou à gauche, on ne voit plus que des déserts arides. Les grandes ruines de Thèbes se présentent dans le midi de l'Égypte ; tandis que, dans le N., sont aujourd'hui les villes les plus florissantes, c'est-à-dire, *Le Caire*, capitale de ce pays et résidence du puissant pacha qui le gouverne ; *Damiette*, *Rosette* et *Alexandrie*, sur la Méditerranée, vers les bouches du Nil.

Jusqu'ici la direction qu'on a suivie est généralement au N. ; mais si l'on veut aller d'Alexandrie à Maroc, il faut se diriger vers l'O. ; on aura à parcourir la Barbarie dans toute sa longueur. Le premier pays qu'on y rencontre est le royaume de Tripoli, dont la capitale, Tripoli, est sur la Méditerranée, entre les golfes de la Sidre et de Cabès. On entre ensuite dans le royaume de Tunis, et l'on y visite le grand lac Laoudeah. En se dirigeant de là toujours droit à l'O., on aurait à traverser, pour arriver à Maroc, les hautes montagnes de l'Atlas : ce voyage serait difficile. On ne doit pas non plus passer au S. de cette chaîne, parce qu'on rencontrerait les affreuses solitudes du Sahara ; il vaut mieux aller le long de la côte de la Méditerranée, où l'on rencontre un assez grand nombre de villes. On passe à Tunis, capitale du royaume de ce nom ; puis, entrant dans l'Algérie, aujourd'hui si intéressante par sa colonie française, on visite Bone, Constantine, Alger, Oran ; ensuite on pénètre dans l'empire de Maroc, où l'une des premières villes importantes que l'on visite est Fez.

Maroc, capitale de l'empire, est beaucoup plus loin vers le S.-O.

LEÇON XXXVIII.

Voir la planche 7.
Même remarque que pour le devoir de la leçon précédente.

Voyage.

Il serait bien plus facile de se rendre par mer que par terre de Saint-Louis au cap de Bonne-Espérance, et de là à la côte d'Adel; mais le désir d'explorer des pays nouveaux et des lieux encore inconnus peut engager un homme courageux à tenter un voyage à travers les terres. Nous supposons que le voyageur qui part de Saint-Louis veut aller voir les sources du Sénégal, de la Gambie et du Niger: il parcourt toute la Sénégambie; et, parvenu au Niger, il est curieux de visiter tout le cours de ce grand fleuve, qu'on appelle aussi Diali-ba; il le descend et parcourt cette vaste contrée qu'on nomme Soudan ou Takrour; il s'écarte un peu du fleuve pour voir la célèbre ville de Timbouctou; il reprend le cours du Diali-ba, et il se trouve, après un long voyage, au golfe de Guinée, où ce fleuve se jette, dans le pays nommé Ouankarah ou Guinée supérieure. Revenant dans l'intérieur des terres, le voyageur s'enfonce dans la Guinée inférieure, où il voit le pays de Congo, le fleuve Zaïre, la ville de San-Salvador, puis l'Angola et le Benguela, qui appartiennent aux Portugais. Il traverse aussi rapidement qu'il le peut la contrée triste et stérile habitée par les Cimbebas.

Il se trouve ensuite chez les Hottentots, peuple fort laid et peu intelligent; il franchit le fleuve Orange, arrive à la colonie anglaise du cap de Bonne-Espérance, placée à l'extrémité méridionale de l'Afrique. Il se repose de ses longues fatigues dans la ville du Cap, située fort près du fameux cap qui donne son nom à cette colonie.

Reprenant ensuite ses courses difficiles, il veut visiter la Cafrerie, et il y trouve un peuple passablement industrieux et d'un aspect assez agréable ; il passe dans la capitainerie-générale de Mozambique qui dépend des Portugais ; il y voit le fleuve Zambèze, ensuite Mozambique, capitale de ce pays, et située sur le détroit du même nom. Il parcourt le Zanguebar, puis la côte d'Ajan et la côte d'Adel, et s'embarque enfin pour l'Europe à Zeïlah.

LEÇON XXXIX.

Voir la planche 7. Il faut que les élèves mettent entre parenthèses, à côté des noms des îles, les noms des puissances auxquelles elles appartiennent.

Voyage.

C'est un voyage agréable à faire que celui des îles d'Afrique ; car ce sont, en général, de belles terres, et plusieurs offrent d'intéressants souvenirs. Les Açores sont les plus septentrionales des îles africaines, et se trouvent dans l'Atlantique, à l'O. du Portugal, dont elles dépendent. En allant au S.-E., on rencontre les îles Madère, qui appartiennent à la même nation. La plus grande de ces îles est nommée aussi Madère, et produit du vin renommé.

Allons ensuite droit au S. : nous abordons aux belles îles Canaries, qui sont soumises à l'Espagne. Nous visitons le haut pic de Ténériffe, dans l'île de ce nom. — Après une longue navigation au S.-O., nous voyons les îles du Cap-Vert, qui appartiennent au Portugal.

Si nous faisons voile vers le S.-E., nous rencontrerons, après un voyage beaucoup plus long encore, la petite île anglaise de Sainte-Hélène, si célèbre par l'exil et la mort de Napoléon.

Pour visiter les autres îles importantes de l'Afrique, il faut aller au S.-E., doubler le cap de Bonne-Espérance et entrer dans l'océan Indien. Alors on remonte au N.-E., et l'on arrive à la grande et superbe île de Madagascar; on s'y repose avec plaisir dans un des établissements français de la côté orientale.—De là, une navigation de quelques jours vers l'E. mène à l'île Bourbon, importante colonie française, fertile en café. — En continuant à aller vers l'E., on arrive à l'Ile-de-France ou Maurice, qui n'est plus à la France, mais à l'Angleterre.

Si l'on va ensuite au N., et qu'on laisse à gauche les îles Comores, placées à l'entrée du canal de Mozambique, on aborde aux îles Seychelles, qui appartiennent aux Anglais; mais on navigue difficilement dans ces parages, à cause des nombreux écueils. Il faut faire encore un grand trajet vers le N. pour arriver à l'île Socotora, située à l'E. du cap Guardafui, et soumise à l'iman arabe de Mascate.

LEÇON XL.

Voir la planche 8. L'élève ne doit dessiner ni les divisions de l'Amérique, ni les montagnes, ni les fleuves.

Voyage.

Des mers encombrées de glace baignent l'Amérique
au N.; si nous en sortons du côté de l'E., nous navi-
guons d'abord dans la mer de Baffin et le détroit de
Davis, et, laissant à l'O. la mer d'Hudson, nous longeons le Labrador; nous doublons le cap Charles, qui
est le point le plus oriental du continent de l'Amérique
du nord, et nous entrons dans le golfe Saint-Laurent;
au S. de ce golfe, nous voyons la Nouvelle-Écosse.
Après une longue navigation dans l'océan Atlantique,
nous rencontrons la Floride, et nous nous trouvons
enfin dans le grand golfe du Mexique. Le Yucatan
ferme ce golfe au S., et le sépare de la mer des Antilles:
en naviguant dans la partie la plus méridionale de cette
mer, on voit l'isthme de Panama, qui unit l'Amérique
septentrionale à l'Amérique méridionale; un peu plus
loin, à l'E., on passe devant le cap Gallinas, qui est à
l'extrémité la plus boréale de l'Amérique du Sud. —
Nous rentrons dans l'océan Atlantique, et nous suivons la côte N.-E. de cette Amérique jusqu'au cap
Saint-Roch; à partir de ce point, nous allons au S.-O.,
et nous arrivons enfin à l'extrémité méridionale de l'A-
mérique. Nous pouvons passer au-delà de cette extrémité, soit en prenant le détroit de Magellan, soit en
allant, un peu plus au S., doubler le cap Horn, qui appartient à l'archipel de la Terre de Feu. Nous entrons
dans le Grand-Océan, et nous remontons le long de la
côté occidentale de l'Amérique méridionale; nous abordons au golfe de Panama, et nous voyons encore une
fois l'isthme de ce nom; là nous ne sommes qu'à dix
lieues de la mer des Antilles, dans laquelle nous ne
pourrions rentrer, par le moyen de la navigation,
qu'en faisant un tour immense. Nous longeons désor-

mais les côtes de l'Amérique septentrionale ; nous visitons le golfe de Californie, qu'on appelle aussi mer Vermeille, et à l'O. duquel s'étend la longue et étroite presqu'île de Californie. Nous avons à faire un bien long trajet avant d'arriver à la mer de Bering ; nous voyons enfin la presqu'île d'Alaska, placée à l'entrée de cette mer, et, après avoir traversé celle-ci, nous pénétrons dans l'océan Glacial par le détroit de Bering.

LEÇON XLI.

Voir la planche 8. Recommander à l'élève de ne pas dessiner les divisions.

LEÇON XLII.

Voir la planche 8. Ne dessiner que l'Amérique septentrionale, et la faire sur une échelle plus grande que celle de l'Atlas.

Voyage.

Pour se rendre de Québec à Guatemala, le moyen le plus prompt serait de descendre le Saint-Laurent et d'aller par mer, c'est-à-dire d'abord par le golfe Saint-Laurent, puis par l'océan Atlantique, enfin par la mer des Antilles, jusqu'à la côte N.-E. du pays de Guatemala. On traverserait le continent, fort étroit dans cette partie, et l'on arriverait à la ville de Guatemala ; mais ce voyage serait moins instructif et moins intéressant que celui qu'on ferait par terre. Nous préférons donc remonter le Saint-Laurent ; nous voyons sortir ce fleuve du lac Ontario ; nous parcourons les bords de ce lac. et nous visitons ensuite la belle cataracte de Niagara, formée par la rivière qui porte les eaux du lac

Érié dans le lac Ontario. Nous sommes là sur la frontière de la Nouvelle-Bretagne et des États-Unis; nous nous rapprochons de la côte de ces derniers pour aller visiter les grandes villes de New-York, de Philadelphie, de Baltimore, et celle de Washington, capitale de cette grande république. Nous parcourons ensuite les états de Virginie, des deux Carolines et de Géorgie, en longeant la pente orientale de la longue chaîne des monts Alleghany; nous arrivons enfin dans la Louisiane, et nous nous arrêtons quelque temps à la Nouvelle-Orléans, située sur le grand fleuve Mississipi, près du golfe du Mexique. Nous quittons les États-Unis, pour entrer dans la république de Texas; et nous pénétrons ensuite dans le Mexique, qui est célèbre par ses mines d'argent, son acajou, son bois de teinture, sa vanille, sa cochenille et beaucoup d'autres productions précieuses. Nous traversons le Rio del Norte, nous gravissons une chaîne de montagnes qui fait la continuation des monts Rocheux, et nous nous trouvons à Mexico, capitale de la république. A quelque distance de cette ville, on trouve le port de la Vera-Cruz, sur le golfe du Mexique; si, de là, on suit la côte méridionale de ce golfe, on arrive à la presqu'île de Yucatan; puis, en tournant au S., on parvient au Guatemala, dont la capitale, désignée par le même nom, est sur le Grand-Océan.

LEÇON XLIII.

Voir la planche 8. Ne faire que la carte de l'Amérique méridionale, et la construire sur une échelle plus grande que celle de l'Atlas. Ne pas exiger les montagnes, ni les fleuves.

Voyage.

Bogota est la capitale de la Nouvelle-Grenade, une des trois républiques renfermées dans la Colombie. Pour se rendre de cette ville à Rio de Janeiro, la route la plus directe serait d'aller au S.-E. et de passer par les parties centrales du Brésil ; mais on trouverait peu de villes en suivant cette direction ; il serait plus intéressant de passer par la république de l'Équateur et par le Pérou. En suivant la haute chaîne des Andes, on arriverait à Quito, capitale de la république de l'Équateur et située sous le cercle même qui donne son nom à ce pays.

En continuant à parcourir la Cordillère des Andes, on arrive au Pérou, dont la capitale, Lima, est située près du Grand-Océan, à l'O. des Andes. En traversant ces montagnes, on trouve, à l'E., la ville de Cuzco. Près de là, on entre dans la Bolivie, qu'on appelle aussi Haut-Pérou ; on y visite La Plata, capitale de cette république, et Potosi, célèbre par ses mines d'argent.

Jusque-là on s'est dirigé en général vers le S. ; désormais on va à l'E. ; on parcourt la partie orientale de la Bolivie, puis on entre dans le Paraguay, république renfermée entre le Paraguay et le Parana ; on pénètre après dans le Brésil, et l'on voit enfin la côte de l'océan Atlantique ; c'est sur cette côte que se trouve Rio de Janeiro, capitale du Brésil.

Si l'on veut se rendre de cette grande ville à Santiago, capitale du Chili, on longe la côte de l'océan Atlantique ; on arrive au bord du lac dos Pathos ou des Oies ; on traverse la république de l'Uruguay, et l'on parvient au bord du Rio de la Plata, où l'on voit Montevideo, capitale de cette république. On traverse ce fleuve, et l'on se trouve dans la république de Buenos-Ayres ou de la Plata, appelée aussi république Argentine. On traverse cet état de l'E. à l'O., et l'on rencontre de nouveau la Cordillère des Andes, au-delà de laquelle est le Chili. C'est près de la pente occidentale de cette chaîne de montagnes que se trouve Santiago.

LEÇON XLIV.

Voir la planche 8. N'exiger que l'archipel des Antilles, avec la côte continentale qui entoure le golfe de Mexique et la mer des Antilles ; et la faire faire sur une échelle plus grande que celle de l'Atlas.

LEÇON XLV.

Voir la planche 9. Ne faire dessiner que la Malaisie et la Mélanésie.

LEÇON XLVI.

Voir la planche 9. Ne faire dessiner que la Micronésie et la Polynésie.

Voyage.

Des îles Mendaña, nous voulons nous rendre à Sumatra. Nous nous dirigeons d'abord droit vers l'O.; nous évitons, en les laissant au S., les îles Basses, environnées de récifs dangereux; nous relâchons aux îles des Navigateurs ; nous tournons au S.-O., pour visiter les îles Viti, qui sont les plus orientales de la Mélanésie; cinglant à l'O., nous abordons aux Nouvelles-Hébrides; puis, remontant au N.-O., nous voyons bientôt les îles Santa-Cruz ou de La Pérouse ; nous faisons de nouveau route à l'O., nous visitons les îles Salomon, l'archipel de la Nouvelle-Bretagne, et nous abordons dans la grande et belle île de la Nouvelle-Guinée. Après avoir longtemps navigué le long de la côte septentrionale de cette terre, nous faisons voile pour les Moluques, appelées aussi îles aux Épices parce qu'elles produisent en abondance les clous de girofle et les muscades. Nous nous arrêtons à la principale de ces îles, qui est Gilolo. — Plus à l'O., nous rencontrons la grande île Célèbes, dont nous remarquons la magnifique végétation, la forme bizarre, les golfes profonds et les longues péninsules. Après avoir doublé la pointe méridionale de cette terre, nous ne tardons pas à apercevoir les côtes méridionales de Bornéo, la plus grande île de la Malaisie ; nous les longeons, et nous arrivons enfin à Sumatra, qui est la plus occidentale des îles de l'Océanie.

Dans ce voyage, nous avons parcouru toute l'Océanie de l'E. à l'O. : mais nous n'avons pas visité la plus grande terre de cette partie du monde, c'est-à-dire la Nouvelle-Hollande. Nous allons entreprendre un nouveau voyage, dans lequel nous visiterons ce continent, et nous irons de là jusqu'à la Nouvelle-Zélande.

Nous parcourons d'abord le long archipel de la Sonde, en nous arrêtant particulièrement à Java et à Timor. Nous abordons peu après à la côte septentrionale de la Nouvelle-Hollande ; nous passons devant le grand golfe de Carpentarie, et nous entrons dans le détroit de Torres, qui sépare la Nouvelle-Hollande de la Nouvelle-Guinée ; nous doublons le cap Wilson, et désormais, tournant au S.-E., nous longeons la côte orientale de la Nouvelle-Hollande. Cette côte fait partie de la Nouvelle-Galles méridionale, colonie anglaise où l'on envoie des condamnés. De temps en temps nous apercevons près du rivage quelques misérables familles des nègres sauvages qui habitent ce continent. Naviguant vers le S., nous nous rendons dans la Tasmanie, qu'on appelle aussi Terre de Diemen. Pour nous rendre de là dans la Nouvelle-Zélande, nous faisons voile à l'E., nous abordons enfin à la plus méridionale des deux grandes îles qui composent cette région. Nous sommes là à peu près aux antipodes de la France, c'est-à-dire que les pieds de ceux qui sont dans cette partie du globe se trouvent opposés aux pieds des Français.

LEÇON XLVII.

Voir la planche 10. Ne pas faire faire les montagnes, ni les cours d'eau. Faire remarquer à l'élève que les limites de la France, du côté de la terre, sont indiquées sur l'Atlas par un trait et non par la couleur en teinte plate, qui ne désigne que les bassins maritimes. Voir la position de Dunkerque sur la planche 11.

Voyage.

Dunkerque, situé sur la mer du Nord, à l'extrémité septentrionale de la France, n'est pas loin du Pas de Calais. Nous entrons dans ce détroit, qui est le passage le plus resserré entre la France et l'Angleterre, et nous pénétrons bientôt dans la Manche, qui sépare ces deux pays. Nous ne tardons pas à voir le golfe de la Seine, situé devant l'embouchure du fleuve de ce nom; nous côtoyons ensuite la presqu'île de Cotentin, à l'extrémité N.-O. de laquelle s'avance le cap de la Hague; puis nous nous enfonçons dans le golfe de Saint-Malo, qui forme au S.-E. la rade de Cancale, et au S.-O. l'anse de Saint-Brieuc. Nous sommes là sur la côte septentrionale de la grande presqu'île de Bretagne, qui présente des caps de toutes parts. Le plus occidental de ces caps est t celui qu'on appelle Saint-Mathieu, et qui se trouve presque en face de l'île d'Ouessant, à côté de la rade de Brest. Jusqu'ici nous avions navigué généralement au S.-O ; désormais nous nous dirigeons au S.-E. Nous passons entre la presqu'île de Quiberon et Belle-Ile, et nous sommes à l'entrée du golfe du Morbihan ; nous ne tardons pas à voir l'embouchure de la Loire, et nous abordons à l'île Noirmoutier. Depuis quelque temps la côte cesse de nous offrir des masses escarpées et irrégulières : elle devient basse et uniforme, et il y a beaucoup de marais salants. Nous ne tardons pas à apercevoir l'île d'Yeu, puis nous voyons l'île de Ré, et bientôt après celle d'Oléron ; nous passons devant l'embouchure de la Gironde, et nous parvenons au bassin d'Arcachon. Cette partie de la côte de France offre des dunes mouvantes, près desquelles sont des forêts de pins et des lacs entourés de pâturages.

Nous arrivons enfin à l'embouchure de la Bidassoa, qui marque la frontière de la France et de l'Espagne.

LEÇON XLVIII.

Voir la planche 10 pour les montagnes, et la planche 11 pour les noms des pays de plaines. Ne pas faire les cours d'eau.

LEÇON XLIX.

Voir la planche 10. On n'exigera pas les montagnes.

LEÇON L.

Voir la planche 10. Pour les villes qui sont unies par des chemins de fer, voir la planche 12.

Premier Voyage.

Pour conduire un bateau de Valenciennes à Avignon, on remonte d'abord l'Escaut, on prend le canal de Saint - Quentin jusqu'à l'Oise ; on descend cette dernière, puis on remonte la Seine jusqu'au canal du Loing ; on prend ce canal, qui conduit à celui de Briare, et l'on arrive à la Loire, que l'on remonte jusqu'au canal du Centre ; on passe par ce canal dans la Saône ; on descend cette rivière jusqu'à son confluent avec le Rhône, et l'on descend celui-ci jusqu'à Avignon.

Deuxième Voyage.

Pour aller en bateau de Strasbourg à Nantes, on prend d'abord le canal du Rhône ou Rhin, qui conduit à la Saône ; on descend celle-ci jusqu'au canal du Centre ; on prend ce canal pour se rendre à la Loire, et l'on descend ce fleuve jusqu'à Nantes.

LEÇON LI.

Voir la planche 11 . On ne mettra que les provinces et leurs chefs-lieux, et non les départements.

LEÇON LII.

Voir la planche 11. Faire toute la forme de la France, mais ne détailler que ce qui est dans la leçon.

LEÇON LIII.

Voir la planche 11. Même observation que pour la leçon précédente.

LEÇON LIV.

Pour trouver les noms des pays où sont les productions, voir spécialement la planche 11. L'élève mettra le nom du pays entre parenthèses, à côté du nom de la production.

LEÇONS LV et LVI.

Même observation que pour la leçon précédente.

LEÇON LVII.

Voir la planche 12. L'élève dressera sa carte sur une échelle beaucoup plus grande que celle de l'Atlas ; il dessinera les rivières principales qu'il verra sur celui-ci. Dans ce travail, il ne fera pas la forme entière de la France, mais seulement celle des départements compris dans la leçon ; cependant, pour qu'il ne perde pas de vue la position de ces départements dans la carte générale du royaume, il dessinera, sur un des côtés de sa feuille de papier, une petite forme de la France, où il mettra les départements de la leçon, sans autre indication que le nom de chaque département. Cette recommandation s'applique à toutes les leçons suivantes.

LEÇON LVIII.

Voir la planche 12.

LEÇON LIX.

Voir la planche 12. Carte des environs de Paris.

LEÇONS LX et LXI.

Voir la planche 12.

LEÇON LXII.

Voir la planche 12.

Voyage.

Nous voulons nous rendre de Lille à Avranches. Nous avons à parcourir quelques-unes des plus riches provinces de France : la Flandre, l'Artois, la Picardie et la Normandie. Après avoir visité les fortifications de Lille, surtout sa belle citadelle, nous prenons la route d'Arras ; nous quittons bientôt le département du Nord, et nous arrivons, après un court voyage, dans le chef-lieu du département du Pas-de-Calais : c'est aussi une place forte ; il y règne moins d'industrie qu'à Lille : cependant il faut signaler ses fabriques de batistes. Nous nous rendons à Amiens, mais pas bien directement ; car nous faisons un petit détour pour visiter les souterrains curieux d'Albert. La belle cathédrale d'Amiens s'offre enfin à nos regards, et nous entrons dans cette grande ville, chef-lieu du département de la Somme ; elle est sur la rivière et sur le canal de ce nom, et se trouve mise ainsi en communication, d'un côté, avec la mer, et, de l'autre, avec le canal de Saint-Quentin, l'Oise et l'Escaut ; l'industrie y est florissante, et l'on y fait surtout des velours, des tapis et des casimirs.

Le département de la Seine-Inférieure est le premier où nous entrons en sortant de celui de la Somme ; nous laissons à notre droite la petite ville de Neufchâtel-en-Bray, connue par ses fromages, et nous arrivons à Rouen, chef-lieu de ce département, sur la Seine : de belles églises gothiques, un port constamment animé par de nombreux navires, l'activité qui règne partout dans cette ville populeuse, pleine de fabriques et de commerce, rendent bien intéressante l'ancienne capitale de la Normandie, à laquelle on s'attache plus encore quand on sait que c'est la patrie du grand Corneille. Nous quittons à regret cette ville importante, et, remontant la Seine en bateau à vapeur, nous allons à Elbeuf, dont les draps sont si renommés. Nous laissons ensuite sur notre gauche une ville dont les draps sont très-célèbres aussi, Louviers, qui appartient au département de l'Eure ; nous passons à Bernay, sous-préfecture de ce département, et nous entrons dans le département du Calvados ; nous y voyons Falaise, qui a des fabriques de bonneterie, des teintureries, et dont les foires, connues sous le nom de foires de Guibray, sont très fréquentées. Nous passons l'Orne, puis la Vire, non loin de la ville de ce nom, et nous arrivons dans le département de la Manche, dont nous traversons la partie méridionale ; nous nous trouvons enfin à Avranches, située à peu de distance de la rade de Cancale, formée par la Manche. Des salines et des fabriques de bougies et de toile rendent cette ville intéressante ; on voit à peu de distance le singulier mont Saint-Michel, environné par la mer à la marée haute, et par une plaine de sable à la marée basse ; un château-fort, servant de prison, couronne cette montagne. L'espace qui sépare Lille d'Avranches offre, en ligne droite, une étendue de 90 lieues, du N.-E. au S.-O. ; mais, par les détours des routes, nous avons parcouru au moins 110 lieues.

Nous voulons aller d'Avranches à Lunéville. Notre route sera directement à l'E. Nous irons passer à Paris, où nous nous rendons par Mortain, qui est une sous-préfecture du département de la Manche ; par Argentan, qui est une petite ville du département de l'Orne ; par L'Aigle, qui, dans le même département, est célèbre par ses fabriques d'épingles et d'aiguilles. Nous nous détournons un peu vers le N., pour aller visiter le champ de bataille d'Ivry, sur les rives de l'Eure, dans le département de ce nom ; nous entrons peu après dans le département de Seine-et-Oise, et nous quittons l'ancienne Normandie pour l'Ile-de-France. Nous passons par Versailles, dont le château et le parc superbes sont si intéressants à visiter.

Nous traversons la Seine à Sèvres, dont la manufacture de porcelaine est si célèbre ; et nous voyons enfin avec joie les hauts monuments qui annoncent la grande capitale de la France ; nous entrons dans Paris par le côté occidental, et nos regards s'arrêtent agréablement, dans cette partie, sur de belles promenades, de superbes places et de beaux édifices : nous y voyons les Champs-Élysées, la place de la Concorde, le jardin et le palais des Tuileries, le palais de la Chambre des Députés, l'église de la Madeleine. En avançant un peu plus à l'E., nous voyons le Louvre, et, en face, le palais des Beaux-Arts. Il faut demeurer assez longtemps à Paris pour voir tout ce qu'il y a de remarquable : que de monuments intéressants à examiner, outre ceux que nous venons de nommer ! Il faut visiter Notre-Dame, Saint-Eustache, le Panthéon, Saint-Sulpice, l'hôtel des Invalides, etc. Que d'établissements utiles consacrés à la science, tels que la Bibliothèque royale, l'Observatoire, etc.! Nous remettant en route pour nous rendre à Lunéville, nous allons passer à Coulommiers, dans le département de Seine-et-Marne ; nous traversons la partie méridionale du département de la Marne, nous y voyons Sézanne et Vitry-le-François, qui doit son surnom à François Ier ; nous passons la Marne dans cette dernière ville. Nous faisons un petit détour vers le N., pour aller visiter Bar-le-Duc, chef-lieu du département de la Meuse ; nous ne tardons pas à voir la vallée que parcourt ce fleuve. Nous traversons la Meuse à Commercy ; et bientôt nous sommes dans le département de la Meurthe, où la première ville que nous visitons est Toul, sur la Moselle. Peu après nous entrons dans Nancy, grande ville, dont l'aspect nous charme ; nous y admirons surtout la belle place Royale ou Stanislas. Nous traversons la Meurthe, et nous arrivons enfin à Lunéville, dont le principal édifice est le château des anciens ducs de Lorraine, accompagné de beaux jardins. La distance parcourue depuis Avranches est, en ligne droite, d'environ 130 lieues.

LEÇONS LXIII et LXIV.

Voir la planche 12.

LEÇON LXV.

Voir la planche 12.

Voyage.

Strasbourg, chef-lieu du département du Bas-Rhin, est une des principales places fortes de France ; elle s'étend sur les bords de l'Ill et près de la rive gauche du Rhin, à côté de la frontière d'Allemagne. Cette ville a une très belle cathédrale, et elle se glorifie de l'invention de l'imprimerie.

Pour nous rendre de cette grande cité à Lyon, nous remontons la vallée de l'Ill ; nous passons à Sélestat, qui est encore dans le département du Bas-Rhin ; mais nous ne tardons pas à entrer dans le département du Haut-Rhin, où nous nous arrêtons quelque temps dans le chef-lieu, Colmar. En continuant à suivre le cours de l'Ill, nous arrivons à Mulhouse, une des villes les plus intéressantes de France par ses importantes fabriques de toiles peintes.

Bientôt après nous quittons l'Alsace pour entrer dans la Franche-Comté ; nous parcourons le département du Doubs, en passant par Montbéliard, patrie de l'illustre naturaliste Cuvier ; par Baume - les - Dames, située près du Doubs, et par Besançon, grande ville et place forte, sur cette rivière. En suivant toujours les bords de celle-ci, nous entrons dans le département du Jura, où nous voyons Dôle, dans une jolie situation. La belle vallée du Doubs, dans laquelle nous continuons à voyager, nous mène au département de Saône-et-Loire ; le Doubs se jette dans la Saône, dont le cours nous conduit bientôt à Chalons, ville commerçante, située à l'extrémité orientale du canal du Centre. En descendant toujours la Saône, nous voyons plusieurs villes intéressantes : Tournus, Mâcon, entourée de riches vignobles, et chef-lieu du département de Saône-et-Loire ; Villefranche, sous-préfecture du département du Rhône ; Trévoux, sous-préfecture du département de l'Ain ; nous apercevons enfin la grande cité de Lyon, la seconde ville de France, si avantageusement placée au confluent du Rhône et de la Saône, et si célèbre par ses belles soieries. Demeurons-y plusieurs jours pour visiter les [monuments qu'elle renferme : l'Hôtel-deville, la cathédrale, etc., et pour parcourir les environs, riches en aspects pittoresques.

L'espace qui sépare Strasbourg de Lyon est d'environ 95 lieues.

LEÇON LXVI.

Voir la planche 12.

LEÇON LXVII.

Voir la planche 12.

Voyage.

Nous voulons aller de Lyon à Tulle. Un chemin de fer nous conduit d'abord rapidement à Saint-Étienne, dans le département de la Loire, et nous nous arrêtons quelque temps dans cette ville industrieuse, que rendent célèbre sa manufacture d'armes, ses mines de charbon de terre, ses fabriques de quincaillerie, de coutellerie, de rubans et de lacets. Nous traversons la Loire, et nous entrons dans le département du Puy-de-Dôme, formé d'une partie de l'ancienne Auvergne : nous y visitons Ambert, intéressante par ses fabriques de papier, de toiles, de dentelles, et par son commerce de mercerie ; nous passons l'Allier, et, après avoir vu la petite ville d'Issoire, nous gravissons la montagne célèbre qu'on nomme le mont Dor, et qui offre de curieuses masses de basalte, comme la plupart des montagnes de l'Auvergne. Nous nous arrêtons au village des Bains du mont Dor, où sont des eaux minérales très fréquentées. Nous suivons le cours de la Dordogne, à partir de sa source même, et nous arrivons à Bort, dans le département de la Corrèze ; nous y voyons avec intérêt ces belles colonnes de basalte qu'on appelle *Orgues de Bort*. Une grande journée de voyage nous conduit de là à Tulle ; le nom de ce chef-lieu du département de la Corrèze nous rappelle l'invention des tulles ; il y a dans cette ville une manufacture d'armes, et l'on y fait commerce de fer et de cuivre.

De Tulle, nous voulons aller à Chartres, et dans ce voyage nous parcourons les anciennes provinces de la Marche, du Berri et de l'Orléanais. Nous traversons le N. du département de la Corrèze, sans y rien trouver de bien remarquable. Nous entrons dans celui de la Creuse, et, en suivant le cours de cette rivière, nous passons à Felletin, à Aubusson, qui sont remarquables par leurs manufactures de tapis. Nous nous écartons un peu à l'O. pour visiter Guéret, chef-lieu du département de la Creuse. Nous parcourons du S. au N. le département de l'Indre, en passant par Châteauroux, son chef-lieu ; là, nous traversons l'Indre, et nous allons à Valençay, célèbre par son beau château, qui appartenait au prince de Talleyrand.

Le département de Loir-et-Cher est celui que nous rencontrons ensuite ; il ne nous offre d'abord qu'un pays assez triste, nommé la Sologne, où l'on ne rencontre presque de toutes parts que des étangs et des landes. Au milieu de ce pays est la petite ville de Romorantin ; un peu plus loin est le magnifique château de Chambord, élevé par François Ier.

Nous apercevons bientôt la Loire, qui passe à Blois, chef-lieu du département de Loir-et-Cher ; nous faisons un petit détour vers l'O. pour aller visiter, dans cette ville, l'ancien château si célèbre par la résidence de plusieurs rois de France et par l'assassinat des Guise.

Jusqu'ici nous nous sommes presque constamment dirigés vers le N., et nous devrions continuer notre route dans la même direction, pour arriver plus promptement à Chartres ; mais le désir de voir la grande ville d'Orléans , et de jouir quelque temps des belles rives de la Loire, nous fait prendre une direction N.-E. ; nous remontons ce fleuve en bateau à vapeur, et nous voyons Beaugency dans le département du Loiret ; nous passons devant le confluent de la rivière de ce nom avec la Loire ; c'est un peu au-dessus de ce confluent que se trouve Orléans, chef-lieu du département du Loiret, ville commerçante, industrieuse, et intéressante dans l'histoire par deux grands siéges.

Nous abandonnons là le cours de la Loire, et nous allons désormais au N. O. ; nous parcourons, dans le département d'Eure-et-Loir, de riches cultures de blé, et nous apercevons enfin la grande cathédrale de Chartres , qui nous annonce le terme de notre voyage.

La distance qui sépare Tulle de Chartres est d'environ 80 lieues en ligne droite ; et il y a 55 lieues de Lyon à Tulle.

* * *

LEÇONS LXVIII et LXIX.

Voir la planche 12.

Voyage.

Tours, chef-lieu du département d'Indre-et-Loire, et ancienne capitale de cette belle Touraine qu'on a surnommée le *Jardin de la France*, se trouve au confluent d'un bras du Cher et de la Loire. Pour se rendre de cette ville à Brest, on peut descendre la Loire jusque vers son embouchure, en suivant d'abord une direction occidentale, puis aller au N.-O., en longeant la côte de la Bretagne. Cependant, si l'on veut prendre la route à peu près la plus courte, il faut passer par Angers, chef-lieu du département de Maine-et-Loire, sur la Maine, dans un pays riche en vins et en ardoises ; puis parcourir le N. du département de la Loire-Inférieure ; traverser la Vilaine, à Rédon, dans le département d'Ille-et-Vilaine ; franchir dans toute sa longueur le département du Morbihan, en visitant Pontivy, ancien chef-lieu du comté de Rohan ; enfin traverser le milieu du département du Finistère, en passant par Châteaulin ; on s'embarque non loin de cette ville sur la grande rade de Brest, et l'on ne tarde pas à distinguer les superbes quais de la ville de ce nom, et son beau port, rempli de vaisseaux de guerre.

Brest est au fond de l'ancienne province de Bretagne. Pour aller de cette ville à Angoulême, il faut presque revenir sur nos pas ; cependant nous nous tiendrons en général plus près de la mer. Nous voyons Quimper-Corentin, chef-lieu du département du Finistère ; Quimperlé, sous-préfecture de ce département ; Lorient, port célèbre sur le Blavet, dans le département du Morbihan ; Auray, connue par la bataille de 1364, entre les comtes de Blois et Montfort ; Vannes, chef-lieu du département du Morbihan, près de la côte du golfe de ce nom. Nous traversons de nouveau la Vilaine, et nous entrons dans le département de la Loire-Inférieure ; nous y visitons Savenay, dont l'arrondissement est riche en marais salants, et nous séjournons plusieurs jours dans la belle et grande ville de Nantes, chef-lieu de ce département, sur la Loire, qui y forme un port très fréquenté.

De Nantes, nous remontons le cours de la Sèvre nantaise, qui nous conduit dans le Poitou. Le premier département que nous parcourons dans cette ancienne province est celui de la Vendée ; ensuite nous traversons celui des Deux-Sèvres, dont nous voyons le chef-lieu, Niort, intéressante par ses fabriques de serges et de gants, et parce qu'elle a donné naissance au poëte Fontanes.

Nous passons ensuite par Melle, et nous rentrons dans le département de la Charente ; nous descendons quelque temps le cours de la rivière de ce nom, et nous arrivons enfin à Angoulême. Ce chef-lieu du département de la Charente est assez industrieux : on y fabrique de beau papier, des lainages et de la faïence. Il y a de Tours à Brest, en ligne droite , 90 lieues, et de Brest à Angoulême 105 lieues.

LEÇONS LXX , LXXI et LXXII.

Voir la planche 12.

LEÇON LXXIII.

Voir la planche 12.

Voyage.

Bordeaux , chef-lieu du département de la Gironde , s'élève sur la rive gauche de la Garonne, qu'on y traverse sur un magnifique pont , et qui offre de superbes quais et un beau port animé par de nombreux navires. Embarquons-nous sur la Garonne, que nous voulons remonter jusqu'à Toulouse. Nous passons à la Réole, et peu après nous entrons dans le département de Lot-et-Garonne : nous y voyons Marmande, Tonneins, agréablement située et connue par sa manufacture de tabac ; Agen, préfecture, où nous remarquons la belle promenade du Gravier, et où se fait un grand commerce de farine et de prunes renommées. Nous traversons ensuite le petit département de Tarnet-Garonne, en laissant un peu à notre gauche Castel-Sarrazin ; nous arrivons enfin à Toulouse, ancienne capitale du Languedoc, et chef-lieu du département de la Haute-Garonne ; c'est une des plus grandes villes de France, et l'une de celles qui se sont le plus distinguées par la culture des lettres : l'académie des Jeux Floraux a été autrefois célèbre.

Nous quittons la Garonne à Toulouse, et nous nous embarquons sur le canal du Midi, qui nous conduit à Villefranche de Lauragais, puis à Castelnaudary, ville du département de l'Aude, où se livra une célèbre bataille en 1632.

Nous quittons peu après le canal du Midi, pour aller passer à Limoux, située dans un territoire riche en bons vins. Nous entrons ensuite dans le département des Pyrénées-Orientales, où nous nous arrêtons enfin à Perpignan. Cette place forte s'élève près de la Méditerranée, et à quelques lieues des Pyrénées, qui séparent la France de l'Espagne.

Pour aller de Perpignan à Privas, nous suivons d'abord la côte occidentale du golfe de Lion, et la première ville importante que nous rencontrons est Narbonne. sous-préfecture du département de l'Aude, intéressante par son antiquité, sa belle cathédrale et son miel. Nous traversons l'Aude ; nous retrouvons, dans le département de l'Hérault, le canal du Midi, qui nous conduit à Béziers, située dans une délicieuse position. Pézénas. un peu plus loin, est remarquable aussi par son agréable situation : nous traversons l'Hérault, et, laissant à notre droite l'étang de Thau, nous arrivons à Montpellier, célèbre par son école de médecine, son jardin botanique, sa place du Peyrou, son commerce de vins. d'eau-de-vie et de vert-de-gris.

Nous passons à Lunel, dont les vins sont renommés.

et nous entrons dans le département du Gard, dont le chef-lieu, Nîmes, est une grande ville, riche en monuments antiques et en manufactures de soieries. Nous traversons le Gard, vers le fameux pont-aqueduc que les Romains y ont construit, et nous longeons désormais la rive droite du Rhône; nous passons l'Ardèche, un peu au N. du Pont-Saint-Esprit, nous voyons la petite ville de Viviers, dans le département de l'Ardèche, et nous arrivons enfin à Privas, chef-lieu de ce département. Il y a de Bordeaux à Perpignan, en ligne droite, 82 lieues, et de Perpignan à Privas 60 lieues.

LEÇON LXXIV.

Voir la planche 12.

LEÇON LXXV.

Voir la planche 12.

Voyage.

Pour aller de Grenoble à Ajaccio, nous irons nous embarquer à Toulon. Nous quittons avec quelque regret la vallée de l'Isère, où est Grenoble, pour entrer dans les montagnes difficiles à franchir qui se trouvent au S. de cette ville; le département des Hautes-Alpes, surtout, ne nous présente que d'énormes escarpements; nous passons à Gap, chef-lieu de ce département, et nous atteignons peu après la Durance, dont nous descendons le cours; nous pénétrons avec cette rivière dans le département des Basses-Alpes, où est Sisteron, la seule ville remarquable que nous visitons.

A mesure que nous avançons vers le midi, l'aspect de la nature devient moins sauvage; le doux climat de la

Provence se fait déjà sentir, et les paysages agréables se multiplient. Nous parcourons surtout avec plaisir le riant territoire de Brignoles ; la mer Méditerranée s'offre enfin à notre vue : nous voilà à Toulon, et nous admirons la forêt de mâts des grands vaisseaux de guerre qui remplissent le port. C'est là que nous quittons le continent, après avoir parcouru un peu plus de 50 lieues depuis Grenoble ; nous nous embarquons pour l'île de Corse ; nous passons bientôt devant les îles d'Hyères. Une navigation de 60 lieues au S.-E. nous transporte à Ajaccio, située sur la côte occidentale de la Corse, et notre premier soin est d'aller visiter la maison où est né Napoléon.

FIN DU CORRIGÉ DES EXERCICES.

OBSERVATIONS

SUR

LE DESSIN DES CARTES

PAR LES ÉLÈVES,

ET SUR LA MANIÈRE DONT LES RÉPONSES DOIVENT SE FAIRE.

Comme le but des exercices dessinés du *Petit Cours* n'est pas de faire apprendre aux élèves la construction géométrique des cartes, mais seulement la géographie, on ne doit pas exiger une rigoureuse précision dans la confection de leur travail : il suffira sans doute ordinairement qu'ils reproduisent les pays par l'étude du coup d'œil général des formes, comme, dans un autre genre de dessin, ils copient une tête, une fleur, un paysage. Cependant on peut leur enseigner quelques méthodes qui donneront, au besoin, plus de régularité et d'exactitude à leurs cartes.

Pour faire convenablement le cadre de la carte, il faut d'abord tirer une ligne horizontale, qui sera, par exemple, le bord inférieur du cadre ; on marque le milieu de cette ligne. Des extrémités de celle-ci, on décrit d'une même ouverture de compas deux petits arcs de cercle à peu près à la hauteur où l'on veut faire passer le bord supérieur du cadre. Du point d'intersection de ces deux arcs, on abaisse une perpendiculaire au point placé au milieu du bord inférieur. On a ainsi le méridien du milieu. Ensuite, d'une ouverture de compas égale à la longueur de ce méridien, on part des deux extrémités du bord inférieur pour décrire des arcs de cercle vers le haut du papier ; puis on reporte la pointe du compas sur le point d'intersection des deux premiers arcs qu'on a décrits, et, d'une ouverture égale à la moitié du bord inférieur, on trace, à droite et à gauche, des arcs qui coupent les derniers qu'on vient de marquer. On a alors trois points d'intersection par lesquels on fait passer la ligne droite formant le bord supérieur du cadre. Ensuite, des deux points d'intersection de droite et de gauche, on abaisse des perpendiculaires aux extrémités du bord inférieur, et l'on a ainsi les deux autres bords, qui complètent le cadre.

On peut conseiller aux élèves de faire, en général, leur carte sur la même échelle que celle de l'Atlas. Ils prendront de cette manière plus facilement, avec le compas, toutes les mesures dont ils auront besoin. Si l'échelle est différente, il faut qu'ils en connaissent le rapport exact avec celle du modèle, et alors ils prendront les distances proportionnelles des points de la carte. Si elle est le double, par exemple, on prendra les distances doubles, etc.

Quand les méridiens et les parallèles qu'on veut copier sont des lignes droites, le compas et une règle ordinaire suffisent pour les tracer ; mais s'ils sont des lignes courbes, on les décrit avec des règles flexibles, qu'on ploie de manière à les faire passer par les points donnés.

Pour copier ensuite la forme d'un pays et placer exactement les lieux, l'élève dessine, dans chaque carreau formé par ses parallèles et par ses méridiens, ce qu'il voit dans le carreau correspondant de l'original. Pour plus d'exactitude encore, on peut diviser chaque degré de l'original et de la copie en un même nombre de petits carreaux, dont chacun présente des détails très-faciles à saisir et à comparer.

Lorsqu'on fait répéter la leçon à l'élève, il est bon qu'il ne réponde qu'en montrant les positions sur une carte. Mais si cette carte était celle de l'atlas gravé, la réponse serait trop facile, puisque les noms s'y trouveraient en toutes lettres. Il faut donc, s'il s'agit d'une leçon particulière, faire établir par l'élève, dans ses exercices, une double carte, dont une sera muette, et c'est sur cette dernière qu'il devra fonder ses réponses. Si la leçon s'adresse à toute une classe, on fera dessiner le pays aux élèves sur un tableau noir, ou l'on emploiera de grandes cartes murales muettes [1].

(1) Ces cartes se trouvent aussi à la librairie de L. Hachette.

FIN DES OBSERVATIONS.

PETIT COURS D'ÉTUDES

Extrait du Cours complet d'Education pour les Filles.

PETIT COURS DE GRAMMAIRE FRANÇAISE, par M. Sardou, professeur à l'école de Commerce et des Arts industriels de Paris. 1 vol. in-12. Prix, cart.   1 fr. 25 c.

EXERCICES sur les leçons du *Petit cours de grammaire française*, par le même auteur. 1 vol. in-12. Pr. cart.   1 fr. 25 c.

CORRIGÉ DES EXERCICES sur les leçons du *Petit cours de grammaire française*, par le même auteur. 1 vol in-12. Prix, br.   1 fr. 25 c.

PETIT COURS D'ARITHMÉTIQUE, par M. Sonnet, professeur de mathématiques. 1 vol. in-12. Prix, cartonne.   1 fr. 25 c.

SOLUTIONS RAISONNÉES DES PROBLÈMES ET EXERCICES contenus dans les leçons du *Petit cours d'arithmétique*, par le même auteur. 1 vol. in-12. Prix, broché, rogné.   » fr. 50 c.

PETIT COURS DE GÉOGRAPHIE GÉNÉRALE ET DE GÉOGRAPHIE DE LA FRANCE, par M. E. Cortambert, professeur de géographie. 1 vol. in-12. Prix, cart.   1 fr. 25 c.

CORRIGÉ DES EXERCICES sur les leçons du *Petit cours de géographie*, par le même auteur. 1 vol. in-12. Prix, broché, rogné.   » fr. 50 c.

PETIT COURS DE MYTHOLOGIE, contenant les mythologies grecque et romaine, avec un *Précis des temps fabuleux* chez les Indiens et les peuples du Nord. 1 vol. in-12. Prix, cart.   1 fr. 25 c.

PETIT COURS D'HISTOIRE SAINTE, par M. Herbet, ouvrage revu et complété par M. l'abbé F. de Roquefeuil. 1 vol. in-12. Prix, cart.   1 fr. 25 c.

PETIT COURS D'HISTOIRE GRECQUE, par M. Bouchitté, professeur d'histoire au collège royal de Versailles. 1 vol. in-12. Prix, cart.

PETIT COURS D'HISTOIRE ROMAINE, par le même auteur. 1 vol. in-12.

PETIT COURS D'HISTOIRE DU MOYEN-AGE, 1 vol.

PETIT COURS D'HISTOIRE DE FRANCE, 1 vol.

PETIT COURS D'HISTOIRE GÉNÉRALE, 1 vol.

IMPRIM. DE J.-B. GROS, RUE DU POINT S.-JACQUES 18.